RÈGLEMENT

SUR

LA TRANSMISSION ET LA RÉCEPTION

DES

DÉPÊCHES TÉLÉGRAPHIQUES ET TÉLÉPHONIQUES

DANS LE SERVICE

DE LA

TÉLÉGRAPHIE MILITAIRE

PARIS

Henri CHARLES-LAVAUZELLE

Éditeur militaire

124, Boulevard Saint-Germain, 124

MÊME MAISON À LIMOGES

1916

RÈGLEMENT

SUR

LA TRANSMISSION ET LA RÉCEPTION

DES

DÉPÊCHES TÉLÉGRAPHIQUES ET TÉLÉPHONIQUES

DANS LE SERVICE

DE LA

TÉLÉGRAPHIE MILITAIRE

PARIS
Henri CHARLES-LAVAUZELLE
Éditeur militaire
124, Boulevard Saint-Germain, 124
MÊME MAISON A LIMOGES
1916

TABLE DES MATIÈRES

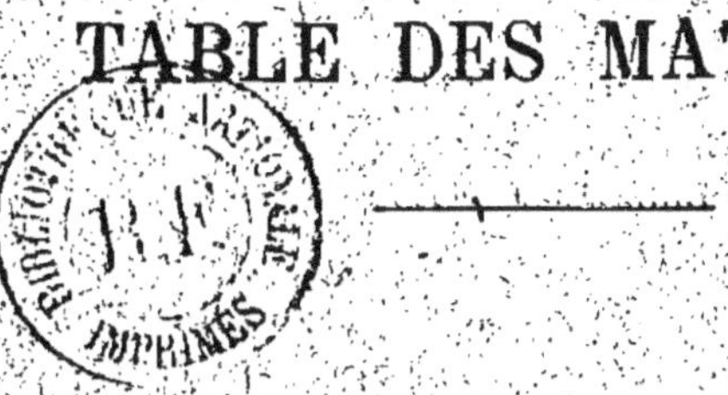

TITRE PREMIER.

Règles générales des transmissions et des réceptions en télégraphie militaire.

CHAPITRE PREMIER.

TÉLÉGRAMMES ÉLECTRIQUES ET OPTIQUES. — MESSAGES TÉLÉPHONÉS. RADIOTÉLÉGRAMMES.

CHAPITRE II.

TRANSMISSION ET RÉCEPTION DES TÉLÉGRAMMES.

CHAPITRE III.

TENUE DES POSTES ET DES ARCHIVES.

TITRE II.

Règles spéciales à la transmission et à la réception en télégraphie militaire.

CHAPITRE PREMIER.

TÉLÉGRAPHIE ÉLECTRIQUE.

CHAPITRE II.

TÉLÉGRAPHIE OPTIQUE.

CHAPITRE III.

TÉLÉPHONIE.

CHAPITRE IV.

RADIOTÉLÉGRAPHIE.

TITRE III.

Télégraphie privée

TABLE DES ANNEXES

TITRE PREMIER

RÈGLES GÉNÉRALES DES TRANSMISSIONS ET DES RÉCEPTIONS EN TÉLÉGRAPHIE MILITAIRE

CHAPITRE PREMIER.

Télégrammes électriques et optiques, messages téléphonés, radiotélégrammes.

§ 1. — Définition des postes et des télégrammes.

1. On appelle *poste télégraphique* ou *optique* l'ensemble des appareils permettant de transmettre ou de recevoir des télégrammes électriques ou optiques.

On appelle *poste téléphonique* l'ensemble des appareils permettant de transmettre ou de recevoir des messages téléphonés.

On appelle *poste radiotélégraphique* l'ensemble des appareils permettant de transmettre ou de recevoir des radiotélégrammes.

Par extension, le nom de *poste* est aussi donné au local ou à l'endroit où sont installés les appareils.

2. On appelle *télégramme électrique* ou *optique* toute communication échangée, au moyen de la télégraphie électrique ou optique, entre deux postes télégraphiques ou optiques.

On appelle *message téléphoné* toute communication échangée, au moyen de la téléphonie, entre deux postes téléphoniques.

On appelle *radiotélégramme* toute communication échangée, au moyen de la télégraphie sans fil, entre deux postes radiotélégraphiques.

3. La personne envoyant le télégramme est appelée *expéditeur*; la personne à laquelle il est destiné est appelée *destinataire*.

Le poste transmettant le télégramme est appelé *poste de départ*; le poste le recevant est appelé *poste d'arrivée*.

Un *réseau* est l'ensemble des postes et des communications électriques et optiques relevant d'une même autorité.

4. Chaque poste est désigné par son nom, ou de préférence par son « *indicatif* » toutes les fois qu'il est possible de le faire.

L' « *indicatif* » d'un poste est ordinairement la première lettre ou la réunion de plusieurs lettres de son nom.

Dans chaque poste est affichée la liste des « indicatifs » des postes du réseau.

Ainsi :

V désignera le poste de Versailles.
MV — du Mont-Valérien.
A2 — du quartier général de la 2e armée.
C3 — du quartier général du 3e corps.

Ces « indicatifs » ne sont que des désignations abrégées pour le service, et ne peuvent jamais remplacer les noms des localités dans l'adresse ou le texte d'un télégramme.

§ 2. — Classification des télégrammes.

5. Les télégrammes militaires sont classés :

1° D'après leur nature en :

Télégrammes officiels;
Télégrammes de service;
Télégrammes d'exercice.

Les *télégrammes officiels* sont ceux qui, intéressant le service de l'Etat ou le service de l'armée, sont expédiés par des officiers ou des fonctionnaires en ayant le droit.

Les *télégrammes de service* sont ceux qui, intéressant le service télégraphique proprement dit, sont expédiés par des officiers ou des chefs de poste de la télégraphie.

Ils sont relatifs à tous les incidents concernant le service du réseau télégraphique, aussi bien au point de vue technique qu'à celui de la discipline et de l'administration du personnel.

Exemples : Dans un poste, un appareil ne fonctionne plus ou fonctionne mal. Le chef de poste envoie un télégramme à l'officier chargé du réseau pour le lui signaler.

L'officier chargé d'un réseau veut changer des télégraphistes de poste. Il envoie des télégrammes aux chefs de poste intéressés leur annonçant les mutations.

Un même télégramme officiel ou de service peut être adressé à plusieurs destinataires; ce télégramme est un *télégramme multiple.*

Exemples : Télégramme adressé par le Ministre de la guerre à tous les commandants de corps d'armée. Télégramme adressé par le commandant de l'armée à tous ses commandants de corps d'armée.

Télégramme adressé par le commandant de l'armée aux commandants de corps d'armée, au commandant de la cavalerie et au directeur des étapes et des services.

Télégramme adressé par l'officier chargé d'un réseau télégraphique à tous les chefs de poste du réseau.

Les *télégrammes d'exercice* sont des télégrammes destinés à compléter et à perfectionner l'instruction des sapeurs télégraphistes desservant des postes.

6. 2° D'après le service télégraphique, et quelle que soit la nature du télégramme en :

Télégrammes de départ;
Télégrammes d'arrivée;
Télégrammes de transit.

Le *télégramme de départ* est celui qui part d'un poste auquel il a été déposé.

Le *télégramme d'arrivée* est celui qui arrive à un poste d'où il doit être porté au destinataire.

Le *télégramme de transit* est celui qui, arrivant à un poste, est réexpédié par celui-ci à un autre poste. Ce poste intermédiaire est appelé *poste de transit*.

EXEMPLE : Un télégramme doit être envoyé du Mont-Valérien au fort de Palaiseau.

Le poste du Mont-Valérien envoie le télégramme au poste de Versailles. Celui-ci le reçoit, puis le retransmet au poste de Palaiseau.

Au Mont-Valérien (poste de départ) le télégramme est appelé télégramme de départ.

A Versailles (poste de transit) le télégramme est appelé télégramme de transit.

A Palaiseau (poste d'arrivée) le télégramme est appelé télégramme d'arrivée.

§ 3. — Ordre de transmission.

7. Les télégrammes officiels ont, en principe, le droit de *priorité de transmission*, c'est-à-dire qu'ils doivent être transmis avant les télégrammes de service déposés avant eux au poste.

Toutefois, les télégrammes de service, dont l'envoi est indispensable pour la bonne exécution des transmissions, sont revêtus par leur signataire de la mention : « *extrême urgence* », et sont expédiés immédiatement sous sa responsabilité. La mention : « extrême urgence » figurera en tête de l'adresse.

Les télégrammes officiels importants ou urgents portent une mention spéciale, fixée par le commandant de l'armée, qui leur donne priorité de transmission sur les autres télégrammes officiels.

Les télégrammes officiels ne portant pas de mention spéciale de priorité sont classés pour leur transmission dans l'ordre de leurs heures de dépôt au poste.

Les postes doivent observer l'alternat dans leur transmission, c'est-à-dire que si deux postes correspondants ont plusieurs télégrammes officiels à transmettre, ils en expédient un chacun à leur tour.

Les télégrammes de service sont expédiés, de même, dans l'ordre de leur dépôt et en observant l'alternat.

La réception ou la transmission d'un télégramme officiel portant la mention spéciale de priorité, ou d'un télégramme de service d'extrême urgence ne doit être interrompue dans aucun cas.

Au contraire, la réception ou la transmission de tout autre télégramme doit être immédiatement interrompue, s'il est présenté au poste un télégramme officiel revêtu de la mention spéciale de priorité ou un télégramme de service d'extrême urgence, et reprise seulement après la transmission de ce télégramme urgent.

Le chef de poste reçoit les télégrammes, les examine, en donne reçu et en assure la transmission dans l'ordre voulu.

Si un officier d'état-major est détaché dans un poste pour en diriger le fonctionnement, il reçoit lui-même les télégrammes à expédier, les examine, en donne reçu, et les remet, dans l'ordre voulu, au chef de poste qui les fait transmettre (1). Il est jugé également des motifs exigeant la transmission immédiate des télégrammes de service d'extrême urgence.

Les télégrammes d'exercice sont transmis après tout télégramme officiel ou de service.

Dans les postes de transit, les télégrammes sont réexpédiés dans l'ordre de leur réception. Toutefois, si des télégrammes sont déposés à ce poste, les règles précédentes relatives à la priorité et à l'alternat dans la transmission sont observées.

§ 4. — Franchise.

8. On appelle *franchise* le droit que possèdent certaines autorités de faire transmettre des télégrammes officiels par des postes télégraphiques.

La franchise peut être directe ou indirecte.

La *franchise directe* est celle qui est conférée directement à certains officiers et fonctionnaires.

La *franchise indirecte* est celle qui est conférée par toute autorité investie de la franchise directe, en appo-

---

(1) Ces télégrammes ne comprennent pas les avis échangés directement pour le réglage des appareils.

sant son *visa* sur un télégramme; cette autorité prend ainsi la responsabilité du télégramme.

Ce visa est destiné à couvrir la responsabilité du chef de poste : il n'est pas transmis.

Tout destinataire d'un télégramme n'ayant pas franchise peut adresser sa réponse télégraphiquement en la déposant dans le poste d'arrivée dudit télégramme et sur la simple présentation de ce dernier.

Le chef de poste, pour justifier la transmission, écrit en marge du texte la mention : « Réponse au télégramme n°   . »

Un *tableau des franchises* est affiché dans chaque poste. Il indique :

Les autorités ayant la franchise directe, leur signature, et, s'il y a lieu, leur adresse;

Les personnes ayant droit à la signature de ces autorités et leur signature.

Ce tableau est arrêté par l'autorité de laquelle relève le réseau télégraphique. Dans une armée, c'est le chef d'état-major général.

§ 5. — Composition des télégrammes et des messages téléphonés.

9. Tout télégramme ou message téléphoné comprend :

1° Le préambule;
2° L'adresse;
3° Le texte;
4° La signature.

I. PRÉAMBULE. — Le préambule constitue le signalement du télégramme ou message. Il est établi par le télégraphiste, et se compose :

1° De l'indication abrégée de la nature du télégramme :

    O pour officiel;
    A pour service;
    E pour exercice.

Cette indication abrégée porte en dénominateur, pour un radiotélégramme, un chiffre indiquant le nombre de ses parties, 0/2;

2° En principe, du nom du poste d'arrivée suivi du nom du poste de départ, ces deux noms étant séparés par « de ».

Mais si les postes sont désignés par des indicatifs, leurs noms sont remplacés par leurs indicatifs;

3° D'un numéro d'enregistrement précédé de NR. Ce numéro est celui du feuillet du carnet de départ.

Si le télégramme présenté a été revêtu d'un numéro d'ordre par l'expéditeur, ce numéro est transmis en tête du texte et entre dans le compte des mots, mais il ne constitue pas le *Numéro du télégramme* à faire figurer dans le préambule;

4° Du nombre de mots compris dans le télégramme, précédé de W;

5° De la date et de l'heure du dépôt du télégramme.

10. *Date du dépôt du télégramme.* — La date du dépôt d'un télégramme, transmis le jour même de son dépôt, n'est pas transmise dans le préambule, mais le télégraphiste du poste d'arrivée, au moment de la réception, l'ajoute lui-même dans le préambule du télégramme d'arrivée.

Si, au contraire, pour une raison quelconque, le télégramme n'est pas transmis le jour de son dépôt, cette date est transmise dans le préambule.

La date est indiquée par deux nombres, le premier indiquant le jour du mois, et le second le numéro du mois dans l'année.

L'heure est suivie de l'indication « m. » ou « s. » pour matin ou soir.

Exemple : 15/3 à 9 h. 35 m.

signifie le 15 mars à 9 heures 35 minutes du matin.

Exemples de préambules :

1°

O

Versailles de Paris, NR 41, W 30, le 13/10 à 4 h. 50 s.

ou V de P, NR 41, W 30, le 13/10 à 4 h. 50 s.

Préambule d'un télégramme officiel envoyé de Paris à Versailles.

2°

O

C4 de A1, NR 6, W 40, le 15/7 à 8 h. s.

Préambule d'un télégramme officiel envoyé du quartier général de la 1re armée au quartier général du 4e corps.

3°

A

Palaiseau de Mont-Valérien, NR 13, W 15, le 4/3 à 9 h. 30 m.

ou Pl de MV

1° Préambule d'un radiotélégramme divisé en trois parties pour la transmission.

Préambule de la 1re partie :

$$\boxed{0/3}$$

B de A, NR 4, W 82, le 24/3 à 2 h. 15 s.

W 82 est le nombre des mots du radiotélégramme, mais dans la 1re partie il n'en est transmis que 30.

Préambule de la 2e partie :

O suite, NR 4, W 30.

Préambule de la 3e partie :

O suite, NR 4, W 22.

11. II. ADRESSE. — L'adresse de tout télégramme ou message comprend :

1° La qualité de l'expéditeur, et son adresse, s'il y a lieu;

2° La qualité du destinataire, et son adresse, s'il y a lieu.

L'adresse doit être aussi simple que possible, mais suffisante pour éviter toute erreur. Elle ne doit contenir que les titres ou indications indispensables pour désigner l'expéditeur et le destinataire, et pour assurer la remise du télégramme à ce dernier.

Exemples d'adresses :

Gouverneur Paris à Commandant brigade artillerie Versailles.

Gouverneur Paris à Commandant d'armes fort Saint-Cyr.

12. *Indication éventuelle.* — La seule indication éventuelle usitée en télégraphie militaire est :

TC ou « collationnement ».

Cette indication signifie que l'expéditeur demande le collationnement de son télégramme. Elle est écrite, en abrégé, immédiatement avant l'adresse par l'expéditeur lui-même.

Le chef du poste de départ peut toujours introduire d'office l'indication éventuelle TC, lorsque l'importance ou la difficulté du texte lui paraît exiger cette garantie.

Les télégrammes en langage chiffré, les messages téléphonés, et les télégrammes en langage étranger sont toujours collationnés d'office. Il est donc inutile pour ces télégrammes de porter l'indication TC.

13. III. TEXTE. — Les langages usités actuellement dans

l'armée pour la rédaction des textes de tout télégramme officiel sont :

1° Le langage ordinaire ou langage clair;

2° Le langage chiffré;

3° La combinaison du langage clair et du langage chiffré.

Les messages téléphonés doivent, en principe, être rédigés en langage clair et ne pas contenir plus de 50 mots.

Les télégrammes de service sont rédigés en langage clair.

Un télégramme en *langage clair* est un télégramme rédigé exclusivement en français et offrant un sens compréhensible.

Un télégramme en *langage chiffré* est un télégramme composé de groupes de 5 chiffres arabes.

Chaque groupe est formé de 5 chiffres arabes, à l'exclusion de tout autre caractère.

Les groupes sont séparés les uns des autres par le même intervalle que les mots dans un texte quelconque.

Le nombre des groupes du télégramme est indiqué en tête du texte.

Dans un télégramme partie en langage clair et partie en langage chiffré, les passages chiffrés doivent être séparés des passages en clair par des parenthèses. Ces parenthèses sont placées par l'expéditeur lui-même.

En campagne, si, éventuellement, des armées étrangères opéraient de concert avec l'armée française, les postes télégraphiques militaires pourraient avoir à transmettre ou à recevoir des *télégrammes étrangers* rédigés soit en langage ordinaire, soit en langage chiffré.

Les langages chiffrés étrangers se composent soit de groupes de chiffres, soit de groupes de lettres; chaque groupe comprenant généralement 5 caractères.

14. IV. Signature. — Tout télégramme officiel doit être signé par l'expéditeur ou par une personne ayant la signature et, si possible, revêtu du cachet de l'expéditeur.

Toutefois, la signature n'est pas transmise, l'expéditeur étant suffisamment désigné dans l'adresse.

15. *Rédaction des télégrammes.* — Les télégrammes sont soit apportés tout rédigés au poste par une personne quelconque, soit écrits sur place par l'expéditeur ou une personne ayant droit à la signature.

L'adresse doit être aussi simple que possible, mais suffisante pour éviter toute erreur.

Le texte d'un télégramme en langage clair doit être rédigé en *style télégraphique*, c'est-à-dire dans un français compréhensible, mais débarrassé de toutes les finesses de la langue, et de tous les mots inutiles à sa précision et à sa clarté.

L'emploi du style télégraphique dans les télégrammes

une très grande répercussion sur la rapidité de leurs échanges dans l'ensemble d'un réseau.

Cette influence se fera surtout sentir dans les postes importants où les télégrammes déposés, et attendant leur tour de transmission, seront nombreux; on évitera ainsi de très grands retards.

Il est formellement interdit à un chef de poste ou à un télégraphiste :

Soit d'écrire un télégramme sous la dictée;

Soit de modifier l'adresse ou le texte d'un télégramme.

§ 5. — Abréviations.

16. La transmission d'un télégramme doit être rigoureusement conforme au texte remis par l'expéditeur.

Les abréviations qui existent dans le texte sont transmises sans modification, tout groupe de lettres et de chiffres représentant une abréviation est considéré comme langage clair et ne compte que pour un mot.

Aucune abréviation, en dehors de celles qui existent dans le texte, n'est utilisée par les télégraphistes dans la transmission.

§ 7. — Compte des mots.

17. Le compte des mots d'un télégramme sert à vérifier si tous les mots de ce télégramme ont été transmis ou reçus.

Le nombre de mots de tout télégramme se compose des mots :

1° De l'adresse;

2° Du texte.

Ce nombre est indiqué dans le préambule après la lettre W.

Le compte des mots se fait d'après les règles suivantes.

18. LANGAGE CLAIR. — Les signes de ponctuation, traits d'union, apostrophes, alinéas, sont transmis mais ne sont pas comptés.

1° *Noms communs.* — Comptent pour *un mot* :

a) Les mots simples :

Armée, vivres, le, l', une, d', du;

b) Les mots composés proprement dits figurant dans la grammaire ou dans le dictionnaire de l'Académie, c'est-à-dire formés de mots simples *réunis par des traits d'union ou des apostrophes* :

Eau-de-vie, grand'garde, aujourd'hui, lieutenant-co

nel, nord-est, demi-heure, au-dessus, vis-à-vis, dix-huit, soixante-dix.

2° *Noms propres*. — Mêmes règles que pour les noms communs.

3° *Chiffres*. — Les groupes de chiffres comptent pour autant de mots qu'ils contiennent de fois *cinq caractères* plus un mot pour les caractères restants.

Comptent pour un chiffre :

a) Les points, virgules, barres de fraction, ..., entrant dans la formation des groupes;

b) Chacune des lettres ajoutées aux chiffres pour désigner les nombres ordinaux.

1254	—	4 caractères	—	1 mot
12545	—	5 —	—	1 —
1254,65	—	7 —	—	2 —
182,2/24	—	7 —	—	2 —
18 : 21	—	5 —	—	1 —
125ème	—	6 —	—	2 —
0/0	—	3 —	—	1 —
14 0/00	—	6 —	—	2 —

4° *Indications particulières*. — Chacune des indications suivantes compte pour un mot :

TC (collationnement),
Le souligné,
La parenthèse (l'ensemble des deux signes servant à la former),
Les guillemets (l'ensemble des signes placés au commencement et à la fin d'un seul et même passage).

Tout caractère isolé (lettre ou chiffre) :

Paris............	2 mots	2 F.......	2 mots
(Versailles)......	2 —	3 h. 55....	3 —
« Mont-Valérien »	2 —		

19. LANGAGE CHIFFRÉ. — La règle précédente relative aux groupes de chiffres s'applique.

Le langage chiffré se composant de groupes de 5 chiffres, chaque groupe compte ainsi pour *un mot*.

Le nombre de mots d'un télégramme, rédigé soit uniquement en langage chiffré, soit partie en langage chiffré et partie en langage clair, est indiqué par une fraction dont le numérateur est le nombre de mots en clair et le dénominateur celui en chiffré.

Le nombre de mots en langage clair comprend les mots :

1° De l'adresse;

2º De l'indication du nombre des groupes, inscrite en tête du texte;

3º Des parties en clair du texte s'il y en a.

Les parenthèses séparant les parties en chiffré de celles en clair comptent dans le nombre de mots du langage chiffré :

EXEMPLE :

Commandant 1ʳᵉ armée à commandant 2ᵉ corps.
    8 groupes. 19541 33724 86134 24873
                95832 68314 75091 41628

Le nombre de mots est : W 9/8.

Gouverneur Paris à commandant d'armes Versailles.
    7 groupes. Vous adresse (54890 24713 13645),
    rendrez compte de (17417 52191 27232 68314).

Le nombre de mots est W 14/9.

20. LANGAGE ÉTRANGER. — Les règles précédentes du compte des mots en langage français (clair ou chiffré) s'appliquent.

NOTA. — L'indication éventuelle par l'expéditeur du nombre de groupes ou de mots contenus dans le texte de son télégramme ne modifie en rien les règles posées ci-dessus; ces indications sont transmises en tête du texte et entrent dans le compte des mots pour déterminer le chiffre à porter dans le préambule.

§ 8. — Dépôt des télégrammes.

21. Lorsqu'un télégramme officiel est déposé dans un poste télégraphique, le chef de poste examine :

1º S'il est écrit lisiblement, en caractères français, à l'encre ou tout au moins au crayon gras;

2º Si l'adresse est suffisante pour le faire parvenir à destination;

3º Si l'expéditeur a le droit de franchise;

4º Si la signature ou le visa est authentique;

5º Si les interlignes, renvois, ratures ou surcharges sont approuvés par l'expéditeur ou son représentant.

Dans le cas contraire, il doit les faire approuver; cependant si le télégramme est apporté par un planton, le chef de poste mentionne ces irrégularités sur la minute avant de le transmettre;

6º En outre, s'il s'agit d'un message téléphoné, il doit en principe être rédigé en langage clair.

Si le chef de poste a des doutes sur le droit de franchise ou la signature de l'expéditeur, il transmet néanmoins le télégramme mais il en rend compte immédiatement à son chef direct.

§ 9. — Annulation. — Avis.

22. *Annulation de télégramme.* — Tout télégramme peut être retiré par l'expéditeur ou son représentant tant qu'il n'est pas transmis. L'avis d'annulation, signé par l'expéditeur, est collé, par le chef de poste, sur la souche du feuillet du carnet de départ.

Si la transmission a eu lieu, un nouveau télégramme est nécessaire pour annuler le premier.

Avis de non-remise. — Si, exceptionnellement, le planton ne trouve pas le destinataire ou son représentant pour lui remettre un télégramme, il le rapporte au chef de poste.

Celui-ci en avise le chef de poste de départ par un télégramme de service ainsi libellé :

O , NR 4, Palaiseau de Paris, non remis, destinataire absent ou parti sur tel point.

Si le télégramme peut être remis ultérieurement, le chef de poste envoie un nouvel avis :

O , NR 4, Palaiseau de Paris, remis à 10 h. s.

Le chef du poste de départ fait porter ces avis à l'expéditeur sitôt qu'il les a reçus.

Refus d'un télégramme. — Quand un télégramme est refusé pour un motif quelconque (non-franchise, poste fermé, clôture, etc.), la minute est rendue à l'expéditeur. Le motif du refus est mentionné sur cette minute par le chef de poste.

CHAPITRE II.

Transmission et réception des télégrammes.

---

§ 1ᵉʳ. — Règles de service.

23. *Permanence du service des transmissions.* — Les postes télégraphiques militaires sont ouverts en permanence le jour et la nuit, et assurent constamment la réception ou la transmission de tout télégramme.

Heure. — L'heure est passée chaque matin par le poste du quartier général de l'armée aux autres postes du réseau, de la façon suivante :

<table>
<tr><td></td><td align="center">Poste A.</td><td></td><td align="center">Poste C.</td></tr>
<tr><td>appelle C {</td><td align="center">ou C C C</td><td>répond {</td><td align="center">ou C C C</td></tr>
</table>

6 h. 30 m. ▬ ▬ ▬ ▬ ▬ répond 6 h. 30 m. ▬ ▬ ▬ ▬

Si un poste ne recevait pas l'heure, il doit la demander.

État des lignes. — La vérification des communications se fait d'elle-même par la transmission des télégrammes. Cependant, si deux postes n'ont rien ou peu à transmettre, ils doivent échanger un « zéro » toutes les demi-heures, à partir de la dernière transmission.

<table>
<tr><td></td><td align="center">Poste A.</td><td></td><td align="center">Poste C.</td></tr>
<tr><td>appelle C {</td><td align="center">ou C C C</td><td>répond {</td><td align="center">ou C C C</td></tr>
</table>

▬ ▬ ▬ ▬ ▬ ▬ répond ▬ ▬ ▬ ▬ ▬

NOTA. — Des consignes spéciales déterminent les règles de service sur les réseaux militaires en temps de paix.

§ 2. — Transmission.

24. *Signaux Morse.* — Les signaux employés en télégraphie militaire sont les signaux Morse, composés de traits et de points qui, d'après leur espacement et leur groupement, représentent des lettres ou des chiffres.

Ces signaux sont indiqués à l'annexe n° 2.

25. *Carnet de départ.* — Un carnet de départ se compose de 50 feuillets numérotés de 1 à 50.

Chaque feuillet comprend une souche et un coupon, portant le même numéro. (Annexe n° 3, modèle 1.)

La souche, fixée au carnet, reçoit le télégramme à expédier : préambule, adresse, texte et signature.

Le coupon constitue le reçu à remettre à l'expéditeur et peut être détaché de la souche.

Tout télégramme déposé dans un poste, avant d'être accepté à la transmission par le chef de poste, est examiné par lui comme il a été dit précédemment. (Chap. Ier, § 8).

Son inscription sur le carnet de départ se fait de la façon suivante :

1. — Le télégramme est apporté au poste par un planton.

Le chef de poste, après avoir examiné le télégramme, remplit le reçu, le signe lisiblement et le remet au planton, après avoir reporté dans le préambule la date et l'heure du dépôt du télégramme.

Il passe ensuite le carnet au télégraphiste, qui colle le télégramme sur le feuillet, rédige le préambule, puis transmet le télégramme.

Sitôt la transmission terminée, y compris le collationnement, le télégraphiste porte en haut de la souche les indications de service :

Le nom de son poste;

Le nom du poste auquel le télégramme a été transmis directement;

La date et l'heure de la fin de transmission;

La nature de la communication employée (télégraphie électrique, optique ou téléphonie), en rayant les mots inutiles.

2. — L'expéditeur, ou son représentant, se présente au poste pour rédiger le télégramme.

Le chef de poste présente le carnet, ouvert au premier feuillet libre, à l'expéditeur qui écrit lui-même son télégramme et le signe.

Il examine ensuite le télégramme et en donne reçu à l'expéditeur.

Les règles restent les mêmes que dans le cas précédent.

Si le télégramme ne peut tenir sur le recto d'un seul feuillet, on emploie le feuillet suivant sur lequel on porte en haut l'indication « suite », mais il n'est établi qu'un reçu et qu'un préambule.

3. — Le télégramme est reçu dans un poste de transit et doit être réexpédié dans une autre direction.

Le télégraphiste, qui doit retransmettre le télégramme dans une autre direction, le colle sur le feuillet et le transmet d'après les règles précédentes, mais sans modifier le préambule.

26. *Choix des appareils.*

1° D'après l'état des lignes.

Chaque ligne est desservie en principe par un appareil.

Le Morse est l'appareil normal pour les communications télégraphiques.

Toutefois, si les communications deviennent mauvaises, pour une raison quelconque, au point de rendre le Morse inutilisable, il ne faut pas hésiter à remplacer le Morse par le téléphone ou par le parleur téléphonique jusqu'à ce que les communications redeviennent bonnes.

Le téléphone est employé pour les communications secondaires.

Les appareils optiques sont réservés pour des communications peu importantes de nuit, ou s'il est matériellement impossible de construire une ligne télégraphique ou téléphonique.

2° D'après le trafic.

Si le trafic est important, il faut employer le Morse.

Si le trafic est peu important, à défaut du Morse, on pourra faire usage du téléphone.

Nota. — Si, par suite des circonstances, on ne disposait

momentanément que d'une ligne téléphonique, celle-ci assurerait l'échange des télégrammes (en clair et en chiffré).

§ 3. — Réception.

27. *Carnet d'arrivée et de transit.* — Un carnet d'arrivée et de transit se compose de 100 feuillets portant deux à deux le même numéro.

Chaque télégramme exige deux feuillets portant le même numéro.

Le premier feuillet peut être détaché : c'est le télégramme proprement dit (annexe n° 3, modèle 2); le second reste fixé au carnet : c'est la copie (annexe n° 3, modèle 2 *bis*).

Une feuille de papier à décalquer, intercalée entre les deux feuillets, permet d'obtenir cette copie en même temps que l'inscription du télégramme.

Tout télégramme reçu par un poste est inscrit sur le carnet d'arrivée et de transit.

Le télégraphiste doit l'écrire proprement et lisiblement sur le premier feuillet du carnet, en évitant les surcharges et les ratures, car c'est ce feuillet même qui doit être remis au destinataire.

Si le télégramme ne peut tenir sur le recto d'un seul feuillet, on emploie le feuillet portant le numéro suivant, sur lequel on porte en haut l'indication « suite ».

Deux cas peuvent se présenter :

1° Télégramme d'arrivée.

Sitôt la réception terminée, y compris le collationnement, le télégraphiste porte en haut du premier feuillet les indications de service :

> Le nom de son poste;
> Le nom du poste duquel il reçoit directement le télégramme;
> La date et l'heure de la fin de la réception;
> La nature de la communication employée (télégraphie électrique, optique ou téléphonie) en rayant les mots inutiles.

Le télégraphiste détache ensuite le premier feuillet après avoir replacé la feuille à décalquer sous le feuillet suivant. Il le met sous enveloppe sur laquelle il inscrit l'adresse du destinataire et dans le coin inférieur, et à droite « télégramme n°   », ce numéro étant celui du feuillet.

Le chef de poste fait signer le planton chargé de la remise du télégramme, sur le deuxième feuillet, à l'emplacement réservé à cet effet, après avoir indiqué son nom et l'heure de départ; il lui remet ensuite l'enveloppe renfermant le télégramme.

L'enveloppe, après avoir été complétée et signée par le destinataire, sert de reçu; elle est rapportée par le planton au chef de poste, qui la joint au deuxième feuillet du carnet.

2° Télégramme de transit.

On observe les règles précédentes, seulement le chef du poste de transit est considéré comme destinataire. Par suite, il donne reçu du télégramme, en signant à l'emplacement réservé au planton, et le remet ensuite au télégraphiste qui doit le transmettre dans la nouvelle direction.

28. *Responsabilité des erreurs commises.* — Le télégraphiste du poste de départ, c'est-à-dire celui transmettant le télégramme, est toujours responsable des erreurs commises, si le télégramme a été collationné.

Lorsque le télégramme n'est pas collationné intégralement, le télégraphiste qui reçoit, ou celui qui transmet, peut donner le collationnement ou demander la répétition de certains mots ou même de tout le télégramme, chaque fois que cette opération lui paraît utile pour mettre sa responsabilité à couvert.

29. *Remise des télégrammes.* — Le chef d'un poste de télégraphie militaire n'est pas chargé d'assurer avec son personnel la remise des télégrammes aux destinataires. Chacune des autorités desservies par le poste doit donc établir sa liaison avec lui par plantons, estafettes, vélocipédistes, etc.

Dans le cas exceptionnel où un télégramme serait adressé à une autorité non reliée au poste télégraphique, le chef de poste en rendrait compte au commandant du cantonnement, qui prendrait les mesures nécessaires pour faire parvenir le télégramme à destination.

Si un télégramme n'a pu être remis au destinataire, le planton le rapporte au chef de poste, qui rattache l'enveloppe le renfermant au feuillet du carnet portant le même numéro.

Ce chef de poste en avise immédiatement le poste de départ par un avis de non-remise, comme il a été dit précédemment (chap. 1er, § 9). Il se renseigne ensuite sur la possibilité de faire parvenir le télégramme au destinataire.

§ 4. — Procès-verbaux journaliers.

30. Dans chaque poste et pour chaque appareil, il est tenu un procès-verbal journalier (annexe n° 3, modèle 3) sur lequel le télégraphiste inscrit, au fur et à mesure, tous les télégrammes transmis ou reçus par cet appareil en y mentionnant :

La nature du télégramme,
Le nom du poste d'arrivée,

Le nom du poste de départ,
Le numéro du télégramme,
Le nombre de mots,
L'heure du dépôt du télégramme,
L'heure de la fin de transmission,
L'heure de la fin de réception,
Les incidents relatifs au service, avec leur durée.

Ces incidents, survenus pendant la transmission ou la réception peuvent être : attente motivée par des événements quelconques, isolement des postes, rupture des communications, non-réponses, zéros échangés, rupture de bande, etc.

Le télégraphiste signe le procès-verbal quand il prend le service ou le quitte pour une raison quelconque.

Si le trafic de l'appareil est peu important, le même procès-verbal peut contenir les renseignements relatifs à plusieurs journées; dans ce cas, celles-ci, comptées de minuit à minuit, sont séparées par un trait.

Le procès-verbal journalier est tenu sous la responsabilité du chef de poste. Il est vérifié par les officiers du service télégraphique.

CHAPITRE III.

Tenue des postes et des archives.

---

§ 1. — Postes.

31. *Installation d'un poste.* — Dès qu'un poste télégraphique est installé et que les communications fonctionnent, le chef du poste en rend compte :

1° A son chef hiérarchique, qui en avise le capitaine par un télégramme de service;

2° Au chef d'état-major de l'autorité desservie par le poste, en lui indiquant le ou les postes avec lesquels il est en communication.

De plus, il demande à ce dernier :

1° La liste des autorités ayant la franchise avec leurs adresses, autorités désignées par le chef d'état-major général de l'armée;

2° Les plantons nécessaires pour assurer la liaison entre le poste et chacune de ces autorités.

32. *Indication extérieure de l'emplacement d'un poste.* — L'emplacement d'un poste télégraphique est indiqué :

Le jour, par un fanion en forme de pavillon, fond blanc bordé bleu de ciel avec un T bleu en son milieu;

La nuit, par une lanterne avec verre blanc portant un T bleu et une bordure de même couleur.

33. *Fermeture d'un poste.* — Un chef de poste ne doit fermer son poste que sur l'ordre du capitaine, qui lui indique en particulier l'heure ou le moment de la fermeture. Avant de le fermer, il lui en rend compte par un télégramme de service.

Toutefois, si des circonstances imprévues ou inopinées se présentent, le chef de poste demande des instructions à l'autorité militaire desservie par le poste. Si celle-ci lui donne l'ordre de le fermer, il en rend compte immédiatement à son chef hiérarchique par un télégramme de service, relatant le motif et l'heure de la fermeture.

34. *Repliement d'un poste devant l'ennemi.* — Le chef d'un poste télégraphique avancé reçoit toujours, du capitaine chargé du réseau, des instructions lui précisant la conduite à tenir en cas de menaces ou d'attaque de son poste par l'ennemi, et, en particulier, le point sur lequel il devra se retirer.

Il devra donc toujours se tenir prêt à évacuer son poste, et à établir rapidement les nouvelles communications qui auront pu lui être indiquées.

En général, un poste se retire, autant que possible, en suivant la ligne, et rentre dès qu'il le peut sur le fil pour assurer l'échange des télégrammes.

Toutefois, si, devant une menace pressante de l'ennemi, le chef de poste ne peut se retirer progressivement, il se porte rapidement sur le point de retraite assigné en emportant ce qu'il peut des archives et du matériel et en mettant le reste hors de service.

Tout chef de poste ne doit pas oublier que, s'il se trouve dans l'impossibilité absolue de sauver son poste, il ne doit pas l'abandonner avant de l'avoir rendu inutilisable par l'ennemi. Pour cela, il doit d'abord brûler toutes les archives, puis briser le matériel technique, et surtout les appareils de réception.

35. *Secret des correspondances.* — Le secret des correspondances doit être fidèlement gardé, et le chef de poste doit prendre toutes les précautions pour l'assurer.

La violation du secret ne consiste pas seulement à divulguer le texte d'un télégramme, mais encore la qualité de l'expéditeur ou du destinataire.

L'entrée des postes télégraphiques est interdite à toute personne étrangère au service de la télégraphie militaire.

Les autorités ayant le droit de franchise peuvent entrer dans les postes pour y déposer leurs télégrammes ou les rédiger, mais elles ne doivent pas y séjourner.

Les plantons ne sont admis dans les postes que pour

remplir les formalités prescrites au sujet de la remise des télégrammes.

Le chef de poste doit interdire formellement les stationnements aux abords de son poste; s'il est nécessaire, il demande une garde au commandant du cantonnement.

Les imprimés hors de service, les morceaux de papier bande ne doivent jamais être jetés à terre, mais *détruits complètement par le feu.*

Le chef d'état-major général de l'armée et les officiers du service télégraphique ont seuls le droit de prendre connaissance du contenu des carnets.

36. *Copie des télégrammes.* — En dehors du chef d'état-major général de l'armée qui a le droit de demander copie des télégrammes, il est formellement interdit d'en délivrer à d'autres autorités.

Si l'expéditeur ou le destinataire d'un télégramme en désire une copie, il s'adresse au chef d'état-major général de l'armée qui, seul, peut donner l'ordre de la faire délivrer.

Cette copie est établie par le chef de poste et remise contre reçu à l'autorité l'ayant sollicitée; ce reçu et l'ordre du chef d'état-major sont annexés au feuillet correspondant du carnet.

§ 2. — Archives.

37. *Composition des archives.* — Les archives d'un poste comprennent :

> Les instructions générales concernant le réseau;
> Les instructions et les consignes particulières du poste;
> Le tableau des franchises;
> Le schéma du réseau;
> La liste des « indicatifs » des postes du réseau;
> Les carnets de dépêches;
> Les rouleaux de papier-bande;
> Les procès-verbaux journaliers.

Ces archives figurent sur un inventaire.

38. *Responsabilité du chef de poste.* — Le chef de poste est responsable de la tenue de son poste et de l'exécution du service.

Il est aussi responsable de la bonne tenue et de la conservation des archives et du matériel technique.

Les archives constituant de précieux renseignements pour l'ennemi si elles venaient à tomber entre ses mains, le chef de poste doit s'assurer fréquemment de leur existence à l'aide de leur inventaire. S'il constate la disparition de l'une d'elles, il doit en rendre compte immédiatement à son chef hiérarchique.

Pour se réapprovisionner, le chef de poste s'adresse à son chef hiérarchique.

39. *Carnets.* — Un carnet de départ et un carnet d'arrivée et de transit sont affectés à chaque appareil.

Toutefois, dans les postes importants à grand trafic, pour accélérer la transmission et la réception, deux carnets de chaque espèce sont nécessaires. Le télégraphiste transmet ou reçoit le télégramme avec l'un des carnets, pendant qu'un aide-télégraphiste lui prépare ou termine un autre télégramme sur le second carnet, c'est-à-dire : colle le télégramme, rédige le préambule, porte les indications de service, détache le feuillet à mettre sous enveloppe, rédige l'adresse de l'enveloppe.

Les carnets sont utilisés jusqu'à complet épuisement de tous les numéros et restent affectés au même appareil.

Pendant la durée de sa mise en service, chaque carnet est placé dans une couverture cartonnée mobile, à laquelle est attaché, par une ficelle, un crayon gras noir pour la rédaction des télégrammes. A la couverture du carnet d'arrivée et de transit est fixé un carton mobile destiné à faciliter le décalque du télégramme, et une pochette intérieure renfermant le papier à décalquer.

Un carnet, une fois terminé, est retiré de sa couverture mobile et attaché au moyen d'une ficelle croisée, de manière que les documents renfermés à l'intérieur ne puissent s'égarer.

Les carnets provenant d'un même appareil sont empaquetés ensemble.

Si plusieurs carnets de même espèce sont en service dans un poste, pour éviter que plusieurs télégrammes portent le même numéro, le chef de poste ajoutera à la main une centaine différente devant la série des numéros de chacun de ces carnets.

40. *Rouleaux de papier-bande.* — Lors de la mise en service d'un rouleau, le télégraphiste inscrit sur l'extrémité de la bande : le nom du poste, la direction du fil, la date et l'heure de la mise en service et signe lisiblement :

Châlons — Direction de... 10/2-11 7 h. 15 m. (Signature).

Si, par accident, une bande vient à se rompre, le télégraphiste en fait mention au procès-verbal par ces mots : « bande rompue »; il appose ensuite sa signature sur les deux fractions de bande, après s'être assuré que celles-ci se suivent et qu'aucune partie n'en a été distraite.

Si le poste est fermé avant l'achèvement du rouleau, le télégraphiste porte sur la bande :

Châlons fermé 10/2 11 6 h. s. (Signature).

La nouvelle mise en service de ce rouleau dans un autre poste est indiquée de la même manière, à la suite de la mention précédente.

Lorsque le rouleau est terminé, le télégraphiste inscrit

sur l'extrémité extérieure de la bande : le numéro de la section, s'il y a lieu, le nom du dernier poste, la direction du fil, la date et l'heure de la fin du rouleau, répète la date et l'heure du commencement, et signe lisiblement.

S2, Vitry—Direction de { Commencé 10/2-11 7 h. 15 m. (Sig.)
Terminé 11/2-11-9 h. s.

L'extrémité de la bande est ensuite collée, et le rouleau est fixé au moyen de quatre ficelles en croix, passant dans l'ouverture du centre.

Les rouleaux provenant d'un même appareil sont empaquetés ensemble.

41. *Conservation et expédition des archives.* — Le chef de section est responsable de la conservation des archives de sa section. Il s'assure que celles qui ne sont plus utiles au service télégraphique sont soigneusement ficelées et empaquetées par poste et par appareil, afin de faciliter les recherches ultérieures.

Ces archives seront ensuite évacuées sur l'arrière. A cet effet, le chef de section, en adressant au capitaine une demande de réapprovisionnement d'archives, lui envoie en même temps l'état de celles à évacuer.

Le capitaine centralise les demandes des sections, et fait une demande de réapprovisionnement et d'évacuation d'archives, conformément aux règles adoptées pour le ravitaillement du matériel technique.

Ces archives seront évacuées sur le parc du génie d'armée en utilisant les voitures vides qui vont s'y ravitailler.

TITRE II.

RÈGLES SPÉCIALES A LA TRANSMISSION ET A LA RÉCEPTION
EN TÉLÉGRAPHIE MILITAIRE

---

42. *Appels.* — Un poste pour appeler un autre poste lui fait des « appels » :

■ ━ ━ ━ ■ ━ ━ ━ (séries de lettres a)

jusqu'à ce que celui-ci lui réponde par le signal :

━ ━ ━ ━ ━ ■ ■ (invitation à transmettre).

Toutefois, si les postes sont désignés par leurs « indicatifs », au lieu de faire des appels on envoie l' « indicatif » du poste appelé, et celui-ci répond par son « indicatif ».

Ainsi le poste « A », pour appeler le poste « B », envoie :

B B B

Le poste « B » répond en envoyant :

B B B (signifiant invitation à transmettre).

Par conséquent, suivant la désignation des postes d'un réseau, un poste pour appeler son correspondant enverra soit des appels, soit des indicatifs.

CHAPITRE Iᵉʳ.

Télégraphie électrique.

Un télégraphiste suffit au service d'un appareil Morse. En position d'attente les postes sont sur sonnerie.

§ 1. — Manipulation.

43. On produit les signaux Morse en envoyant dans la ligne des courants de durée courte ou longue.

Un courant de durée courte donne un *point*, un courant de durée longue donne un *trait*.

Le trait est égal en longueur à trois points.

L'intervalle entre les points ou les traits d'un signal est de un point.

L'intervalle entre les signaux d'un même mot ou groupe est de trois points.

L'intervalle entre deux mots ou groupes est de cinq points.

La vitesse normale de manipulation est de 500 groupes de cinq signaux à l'heure.

Si le correspondant reçoit au son, la manipulation doit être plus lente.

§ 2. — Transmission.

44. *a) Au Morse.*

Le télégraphiste du poste de départ, pour transmettre un télégramme, fait des appels ▬ ▬ ▬ ▬ ▬ ▬ jusqu'à ce que le correspondant lui envoie le signal :

▬ ▬ ▬ ▬ ▬ ▬ ▬ (invitation à transmettre).

Le télégraphiste répond par trois signaux :

▬ ▬ ▬ ▬ ▬ (compris).

et commence aussitôt la transmission du télégramme : préambule, adresse et texte.

Entre chacune des parties du télégramme est transmis le signal :

▬ ▬ ▬ ▬ ▬ (séparation).

L'indication éventuelle « TC », faisant partie intégrante de l'adresse, n'en est pas séparée par le signal de séparation.

La fin de transmission du télégramme est indiquée par le signal :

▬ ▬ ▬ ▬ ▬ (fin de transmission).

Pendant la transmission, les particularités suivantes peuvent se présenter au télégraphiste du poste de départ :

1° Le télégraphiste commet une erreur.

Il envoie aussitôt le signal :

▬ ▬ ▬ ▬ ▬ ▬ ▬ (erreur, au moins sept points).

Il retransmet le *mot mal transmis*, et continue la transmission.

2° Le télégraphiste reçoit un télégramme urgent à transmettre.

Il coupe sa transmission par un contact prolongé de la valeur de trois traits au moins, et envoie trois signaux :

━ ━ ━ ━ ━ (attente)

et motive l'attente en envoyant :

━ ━ ━   ━ ━ ━   ━ ━ ━ (R D D signifiant recevez télégramme urgent).

Le correspondant répond par le signal :

━ ━ ━ ━ ━ ━ ━ (invitation à transmettre).

Le télégraphiste transmet alors son télégramme urgent et en reçoit le collationnement dont la fin est indiquée par le signal :

━ ━ ━ ━ ━ (fin de transmission).

Pour reprendre la transmission du télégramme interrompu, le télégraphiste du poste de départ appelle son correspondant :

━ ━ ━ ━ ━ ━ ━ (appels).

Celui-ci répond par trois signaux ━ ━ ━ ━ ━ (compris) envoie le *dernier mot bien reçu* dans le télégramme interrompu puis le signal :

━ ━ ━ ━ ━ ━ ━ (invitation à transmettre, signifiant continuez la transmission du télégramme).

Le télégraphiste reprend alors la transmission au *mot qui suit le mot annoncé bien reçu.*

Si le télégramme urgent doit être transmis dans une autre direction, le télégraphiste coupe sa transmission et envoie à son correspondant trois signaux ━ ━ ━ ━ ━ (attente)

et la motive en envoyant : je transmets DD (signifiant je transmets un télégramme urgent).

La transmission du télégramme interrompu est reprise comme ci-dessus.

3° Le télégraphiste aperçoit ou entend la palette de son appareil fonctionner. (Cela signifie que son correspondant a quelque chose d'urgent à lui transmettre.)

Il arrête immédiatement sa transmission, et opère comme il sera dit au § 3 suivant.

4° Le télégraphiste remarque que l'aiguille de son galvanomètre ne dévie plus ou dévie trop fort (renverse).

Il arrête immédiatement la transmission et fait des appels.

Si le correspondant ne répond pas, cela prouve l'existence d'un isolement ou d'une perte à la terre.

Le télégraphiste prévient alors le chef de poste qui fait les recherches nécessaires.

Dès que le télégraphiste reçoit des appels, il envoie le signal :

━ ━ ━ ━ ━ ━ ━ (invitation à transmettre).

Le correspondant répond par trois signaux :

— — — — — (compris)

envoie le *dernier mot bien reçu*, puis le signal :

— — — — — — (invitation à transmettre, signifiant
continuez la transmission du télégramme).

Le télégraphiste reprend la transmission au *mot qui
suit le mot annoncé bien reçu.*

45. *b) Au son.* — Les mêmes règles sont applicables,
mais la transmission doit être ralentie.

§ 3. — Réception.

46. Les signaux sont reçus soit par inscription sur le
papier-bande, soit au son.

Dans la réception à la bande, le télégraphiste doit lire
les signaux dès leur sortie des rouleaux entraîneurs, sur
la planchette de lecture, les inscrire au fur et à mesure
sur le carnet, pendant que la main gauche entraîne d'une
façon continue le rouet, pour enrouler la bande.

47. *a) A la bande.*

Le télégraphiste du poste d'arrivée, sitôt appelé, re-
monte le mouvement d'horlogerie de son appareil, s'il y
a lieu, et envoie le signal :

— — — — — — — (invitation à transmettre)

puis il fait dérouler la bande.

Pendant la réception du télégramme, les particularités
suivantes peuvent se présenter au télégraphiste du poste
d'arrivée :

1º Les signaux ne sont plus lisibles sur la bande, pour
une cause provenant du poste d'arrivée.

Le télégraphiste « coupe » par un contact prolongé de
la valeur de trois traits au moins et envoie au correspondant trois signaux :

— — — — — (compris),

puis le signal : — — — — — — — (FA signifiant faites
des appels) pour lui permettre de régler son appareil. Il
remédie au dérangement s'il y a lieu.

Lorsque les signaux sont redevenus lisibles, le télégraphiste coupe à nouveau et envoie trois signaux — — — — —
(compris), puis le *dernier mot bien reçu*, et enfin le signal :

— — — — — — (invitation à transmettre, signifiant
continuez la transmission).

Le correspondant reprend la transmission à partir du
mot qui suit le mot annoncé bien reçu.

2° Le télégraphiste ne lit pas assez vite les signaux sur la bande.

Il coupe et envoie à son correspondant trois signaux :

━ ━ ━ ━ (compris)

puis le signal :

━ ━ ━ ━ ━ (MD, signifiant manipulez doucement).

Il envoie ensuite le *dernier mot bien reçu*, et enfin le signal :

━ ━ ━ ━ ━ ━ (invitation à transmettre, signifiant continuez la transmission).

Le correspondant reprend la transmission à partir du *mot qui suit le mot annoncé bien reçu.*

3° Les signaux sont collés sur la bande. (Cela indique une mauvaise manipulation de la part du télégraphiste du poste de départ.)

Le télégraphiste opère comme dans le 2° cas, mais, au lieu d'envoyer MD, il envoie le signal :

━ ━ ━ ━ ━ ━ (SS, signifiant séparez signaux).

4° Le télégraphiste a besoin d'interrompre la réception pendant un certain temps (remplacer le papier-bande, recevoir un télégramme urgent d'une autre direction ou en envoyer un).

Il coupe et envoie à son correspondant trois signaux : ━ ━ ━ ━ (attente), et motive l'attente en envoyant suivant le cas : papier, recevoir ou transmettre télégramme urgent.

Pour reprendre la réception du télégramme interrompu, le télégraphiste fait des appels

━ ━ ━ ━ ━ ━ ━

jusqu'à ce que le correspondant lui envoie le signal :

━ ━ ━ ━ ━ ━ (invitation à transmettre).

Le télégraphiste répond par trois signaux ━ ━ ━ ━ (compris), envoie le *dernier mot bien reçu*, puis le signal ━ ━ ━ ━ ━ ━ (invitation à transmettre, signifiant continuez la transmission).

Le correspondant reprend la transmission à partir du *mot qui suit le mot annoncé bien reçu.*

5° Le télégraphiste reçoit un télégramme urgent à transmettre.

Il coupe et envoie à son correspondant trois signaux :

━ ━ ━ ━ (attente)

et motive l'attente en envoyant :

━ ━ ━ ━ ━ ━ ━ (RDD signifiant recevez télégramme urgent).

Le correspondant répond par le signal :

━ ━ ━ ━ ━ ━ (invitation à transmettre).

Le télégraphiste transmet alors son télégramme urgent et en reçoit le collationnement, dont la fin est indiquée par le signal :

▬ ▬ ▬ ▬ ▬ (fin de transmission).

La réception du télégramme interrompu est reprise comme dans le 4ᵉ cas.

6° La réception est brusquement interrompue (isolement, perte à la terre...).

Le chef de poste et le télégraphiste font les recherches nécessaires.

Dès que le dérangement est relevé, le télégraphiste reprend la réception comme dans le 4ᵉ cas.

48. *b)* *Au son.* — Les mêmes règles sont applicables.

§ 4. — Collationnement.

49. — Le collationnement a pour but de vérifier que le télégramme reçu est identique au télégramme transmis.

Le collationnement est :

Partiel pour les télégrammes en langage clair reçus à la bande.

Intégral pour les télégrammes en langage chiffré, les télégrammes TC et les télégrammes en langage étranger reçus à la bande, et pour tous les télégrammes reçus au son.

Le collationnement *partiel* s'adresse seulement : dans le préambule aux nombres; dans l'adresse et le texte aux noms propres, aux mots douteux (décédé, décidé...), aux mots présentant un sens important et aux chiffres.

Le collationnement *intégral* consiste, au contraire, à répéter le télégramme en entier.

50. *Collationnement partiel.*

Lorsque le télégraphiste du poste de départ a terminé la transmission du télégramme, il envoie le signal :

▬ ▬ ▬ ▬ ▬ (fin de transmission).

Le télégraphiste du poste d'arrivée répond par trois signaux ▬ ▬ ▬ ▬ ▬ (compris), puis compare le nombre de mots reçus au nombre annoncé.

1ᵉʳ Cas. — Ces deux nombres sont identiques.

Le poste d'arrivée donne immédiatement le collationnement partiel dans la forme suivante :

Reçu A, NR 8, W 10, 4 h. s.

puis

   les noms propres;
   les mots douteux;
   les mots importants;
   les chiffres.

Il termine le collationnement par le signal :

— — — — — (fin de transmission).

Le poste de départ renvoie le même signal.

Les deux postes échangent ensuite un point et se remettent sur sonnerie.

2e Cas. — Ces deux nombres ne sont pas identiques; soit 22 mots annoncés et 20 mots reçus.

Le poste d'arrivée envoie :

— — — — — — — — — — — — — 20 W — — — — —

signifiant : je ne trouve que 20 mots, est-ce bien cela ?

a) Si le poste de départ constate qu'il s'est trompé en comptant les mots, il répond par :

— — — — — — — — — — — — — — oui, 20 W — — — — —

signifiant : oui, c'est bien 20 mots, vous avez raison.

Le poste d'arrivée envoie alors trois signaux : — — — — — (compris), puis il donne le collationnement partiel, comme dans le 1er cas.

b) Si, au contraire, le poste de départ a bien compté 22 mots, il répond par :

— — — — — — — — — — — — — — bien 22 W,
je — — — — — —

signifiant : non, il y a bien 22 mots, je répète mon télégramme ?

Puis il répète l'*initiale de chaque mot*.

A la lecture de l'initiale d'un mot qu'il n'a pas reçu, le poste d'arrivée « coupe », envoie le *dernier mot correspondant à l'initiale bien reçue*, puis le signal :

— — — — — — — (invitation à transmettre).

Le poste de départ reprend la transmission intégrale, en commençant par *le mot qui suit le dernier mot annoncé bien reçu* et la continue jusqu'à ce que le poste d'arrivée, recevant un mot déjà transmis, coupe et envoie le signal :

— — — — — — (CI signifiant continuez la transmission des initiales).

Le collationnement des initiales continue ainsi jusqu'à ce que l'accord sur les nombres de mots soit fait.

Dès que cet accord est fait, le poste d'arrivée coupe et envoie trois signaux — — — — — (compris), puis il donne le collationnement partiel comme dans le 1er cas.

51. *Collationnement intégral.*

Lorsque le poste de départ a terminé la transmission du télégramme, il envoie le signal :

— — — — — (fin de transmission).

Le poste d'arrivée répond par trois signaux ▬ ▬ ▬ ▬ ▬ (compris), puis il commence aussitôt le collationnement intégral en retransmettant intégralement le télégramme, et sans se préoccuper du nombre de mots. Ce nombre est rectifié ensuite s'il y a lieu.

Pendant le collationnement, si le poste de départ constate une omission ou une erreur, il coupe aussitôt, et la rectifie en reprenant la transmission au *dernier mot bien reçu*.

Dès que le passage est rétabli, le poste d'arrivée coupe et envoie trois signaux ▬ ▬ ▬ ▬ ▬ (compris), puis il continue le collationnement.

Le collationnement terminé, le poste d'arrivée envoie le signal :

▬ ▬ ▬ ▬ ▬ (fin de transmission).

Le poste de départ répond par le même signal.

Les deux postes échangent ensuite un point, et se remettent sur sonnerie.

§ 5. — Alternat dans la transmission des télégrammes.

52. — On a vu au chapitre I, § 3, que les postes doivent observer l'alternat dans la transmission des télégrammes.

L'alternat entraîne forcément des pertes de temps, surtout dans les postes chargés, qui diminuent le rendement. Aussi, pour les éviter, on doit opérer de la façon suivante :

Les deux postes Nanterre et Courbevoie, dont les indicatifs sont N et C, ont des télégrammes à échanger alternativement.

1er Cas. — Nanterre transmet un télégramme à Courbevoie, mais il en a encore d'autres à lui transmettre.

Pour prévenir Courbevoie, Nanterre termine la transmission de son télégramme par le signal « fin de transmission », suivi de l'indicatif C du poste de Courbevoie.

▬ ▬ ▬ ▬ ▬	▬ ▬ ▬ ▬
fin de transmission	C

Courbevoie donne le collationnement de ce télégramme et, pour prévenir Nanterre qu'il a aussi des télégrammes à lui transmettre, il termine le collationnement par un signal analogue :

▬ ▬ ▬ ▬ ▬	▬ ▬
fin de transmission	N

Nanterre répond par le signal :

▬ ▬ ▬ ▬ ▬	▬ ▬
compris	N

signifiant : je suis prêt à recevoir).

Courbevoie transmet aussitôt sans autres signaux préalables.

Si au contraire Courbevoie n'a plus rien à transmettre, il termine le collationnement par le signal :

— — — — fin de transmission — zéro.

Nanterre répond par le signal :

compris   C

et transmet aussitôt.

2ᵉ CAS. — Nanterre transmet un télégramme à Courbevoie, mais n'a plus rien à lui transmettre ensuite.

Il termine alors son télégramme par le signal :

fin de transmission   zéro.

Si Courbevoie a quelque chose à transmettre à Nanterre, il termine le collationnement du télégramme, comme précédemment, par le signal :

fin de transmission   N

Nanterre répond par le signal :

compris   N

(signifiant : je suis prêt à recevoir).

Si, au contraire, Courbevoie n'a plus rien à transmettre, il termine le collationnement par le signal :

fin de transmission   zéro.

Nanterre répond par le signal :

compris   zéro.

L'alternat n'ayant lieu qu'entre télégrammes de même nature, si un poste commence la transmission d'un service, quand l'autre a encore des officiels à transmettre, ce dernier coupe aussitôt et envoie la lettre O.

§ 6. — Clôture.

53. Lorsqu'un poste doit fermer pour une raison quelconque, c'est-à-dire que les communications doivent être interrompues, il en avise les postes correspondants en envoyant le mot « clôture ».

Ceux-ci répètent le mot « clôture ».

Les postes échangent ensuite trois compris, puis un point.

La clôture ne doit jamais interrompre la transmission ou la réception commencée d'un télégramme.

§ 7. — Communication directe.

54. Pour obtenir rapidement une communication directe entre deux postes séparés par un poste de transit, on opère de la façon suivante :

$$B \rule{2cm}{1pt} T \rule{2cm}{1pt} A$$

Soient deux postes à indicatif A et B, séparés par un poste de transit à indicatif T.

Le poste B, ayant un télégramme à transmettre au poste A, demande la communication directe au poste T, en lui envoyant l'indicatif du poste A.

1er Cas. — Le poste de transit T est au repos.

En entendant les appels du poste B, le poste T donne la communication directe sans rien dire. Le poste A reçoit alors les appels de B, c'est-à-dire reçoit

$$A\ A\ A$$

Il répond par $\qquad A\ A\ A$

Le poste B commence alors aussitôt la transmission de son télégramme.

Sitôt que le poste B a terminé sa transmission, le poste T rompt la communication directe.

2e Cas. — Le poste T est en communication avec le poste A.

En entendant les appels du poste B, le poste T lui envoie alors

$$T\ T\ T \text{ « attente » je transmets (ou je reçois)}$$

ou

$$T\ T\ T \text{ « attente » je transmets DD (ou je reçois DD).}$$

a) Le poste B a seulement un télégramme ordinaire à transmettre.

Il attend alors que la communication soit libre.

b) Le poste B a un télégramme urgent à transmettre.

Si le poste T lui envoie « attente DD », il attendra que la communication soit libre.

Si le poste T lui envoie simplement « attente », il coupe et lui envoie :

$$A\ D\ D$$

Le poste T interrompt l'échange du télégramme avec le poste A en lui passant « attente » et donne la communication directe comme dans le 1er cas.

L'échange du télégramme interrompu entre les postes T et A est repris ensuite comme il est dit aux §§ 2 et 3 précédents.

CHAPITRE II.

Télégraphie optique.

55. Deux télégraphistes sont nécessaires au service d'un appareil optique.

L'un, le *manipulant*, transmet ou reçoit le télégramme.

L'autre, l'*aide-manipulant*, dicte ou inscrit le télégramme tout en surveillant le feu de l'appareil.

Ces deux télégraphistes peuvent du reste alterner dans leurs fonctions.

En position d'attente, les deux postes sont à feu fixe; dans chacun d'eux un télégraphiste veille à la lunette.

§ 1. — Manipulation.

56. On produit les signaux Morse en envoyant dans la direction du correspondant des éclats lumineux de durée courte ou longue.

Un éclat de durée courte donne un *point*, un éclat de durée longue donne un *trait*.

Le trait est égal en longueur à quatre points.

L'intervalle entre les points ou les traits d'un signal est de un point.

L'intervalle entre les signaux d'un même mot ou groupe est de quatre points.

L'intervalle entre deux mots ou groupes est de huit points.

La vitesse de manipulation doit être lente, surtout lorsque la ligne est longue ou le temps défavorable.

Une manipulation lente évite les erreurs, les malentendus, les répétitions, qui, en causant toujours des pertes de temps considérables, diminuent la rapidité dans l'échange des télégrammes.

§ 2. — Transmission.

57. Le télégraphiste-manipulant manipule en maintenant son œil à la lunette. L'aide-manipulant lit d'abord le mot, puis le dicte lettre par lettre au manipulant.

Le manipulant du poste de départ, pour transmettre un télégramme, fait des appels

— — — — — — — —

jusqu'à ce que le correspondant lui envoie le signal :

— — — — — — (invitation à transmettre).

et masque son feu.

Il commence aussitôt la transmission du télégramme : le préambule, l'adresse et le texte.

Entre chacune des parties du télégramme est transmis le signal :

▬ ▬ ▬ ▬ (séparation).

L'indication éventuelle TC, faisant partie intégrante de l'adresse, n'en est pas séparée par le signal de séparation.

La transmission d'un mot étant terminée, avant de commencer celle du mot suivant, le manipulant attend que le correspondant lui ait envoyé *le point*, c'est-à-dire un éclat lumineux court. Au reçu de ce signal, il dit « point », et l'aide-manipulant lui lit le mot suivant, puis lui dicte lettre par lettre.

La fin de transmission du télégramme est indiquée par le signal :

▬ ▬ ▬ ▬ (fin de transmission).

Les deux postes se mettent à feu fixe.

Pendant la transmission, les particularités suivantes peuvent se présenter au télégraphiste manipulant du poste de départ.

1° Le manipulant commet une erreur.

Il envoie aussitôt le signal :

▬ ▬ ▬ ▬ ▬ ▬ ▬ (erreur, au moins sept points).

Il retransmet le *mot mal transmis* et continue la transmission.

2° Le manipulant aperçoit que son correspondant le coupe, puis masque son feu (cela signifie que son correspondant n'a pas saisi une lettre).

Le manipulant arrête immédiatement la transmission en disant à son aide « coupé ».

Il recommence la transmission du *mot coupé*, que l'aide-manipulant lui dicte à nouveau.

3° Le manipulant aperçoit que son correspondant le coupe, puis lui envoie « attente » ou « MD ».

Il arrête immédiatement la transmission en disant à son aide « coupé », « attente » ou « MD », et opère comme il sera dit au § 3 suivant.

4° Le manipulant reçoit un télégramme urgent à transmettre.

Il coupe sa transmission par un éclat lumineux prolongé et envoie le signal ▬ ▬ ▬ ▬ (attente) et motive l'attente en envoyant :

▬ ▬ ▬ ▬ ▬ ▬ (RDD, signifiant recevez télégramme urgent).

Le correspondant répond par le signal :

▬ ▬ ▬ ▬ ▬ (invitation à transmettre)

Le manipulant transmet alors son télégramme urgent et en reçoit le collationnement dont la fin est indiquée par le signal :

▬ ▬ ▬ ▬ ▬ (fin de transmission).

Pour reprendre la transmission du télégramme interrompu, le manipulant du poste de départ appelle son correspondant

▬ ▬ ▬ ▬ ▬ ▬ ▬ ▬ (appels).

Celui-ci répond par le signal :

▬ ▬ ▬ ▬ ▬ ▬ (invitation à transmettre).

Le manipulant reprend alors la transmission au *mot qu'il a coupé*.

REMARQUE. — Après la transmission d'un mot, si le correspondant oublie d'envoyer le point, le manipulant le lui demande en faisant lui-même le point, jusqu'à ce que le correspondant ait compris.

§ 3. — Réception.

58. Le télégraphiste-manipulant du poste d'arrivée lit les signaux à l'œil nu ou à la lunette, suivant la longueur de la ligne, l'état de l'atmosphère, la nature des feux.

En recevant le télégramme, il le dicte lettre par lettre à l'aide-manipulant, qui l'inscrit au fur et à mesure sur le carnet d'arrivée.

Le manipulant du poste d'arrivée, sitôt appelé, envoie le signal :

▬ ▬ ▬ ▬ ▬ ▬ (invitation à transmettre)

et masque son feu.

Après chaque mot reçu, le manipulant donne le « point », en envoyant un éclat lumineux court, et dit à son aide « fin de mot ». Il s'aperçoit de la fin de transmission d'un mot à ce que son correspondant n'envoie plus rien.

Pendant la réception du télégramme, les particularités suivantes peuvent se présenter au télégraphiste-manipulant du poste d'arrivée.

1° Les signaux ne sont plus visibles.

Le manipulant coupe par un éclat prolongé en disant « je coupe » et envoie à son correspondant le signal :

▬ ▬ ▬ ▬ ▬ ▬ ▬ ▬ (série de points signifiant mauvais feu).

Celui-ci vérifie le réglage de sa lampe, rectifie sa direction, essuie les verres de son appareil.

Pendant ce temps, le manipulant observe attentivement

le feu du correspondant, et lui indique ses variations en envoyant :

Soit des points de plus en plus précipités, signifiant que le feu devient de plus en plus mauvais;

Soit des points de plus en plus lents, signifiant que le feu s'améliore.

Dès que la transmission peut reprendre, le manipulant envoie le signal :

— · — · — · — · — (invitation à transmettre).

Le correspondant reprend la transmission au *mot coupé*.

2° Le manipulant n'a pas saisi une lettre.

Sans chercher à deviner la lettre, le manipulant coupe aussitôt en disant « je coupe », puis masque son feu.

Le correspondant reprend la transmission au *mot coupé*.

3° Le manipulant ne peut plus lire les signaux, son correspondant manipulant trop vite.

Il coupe aussitôt et envoie le signal :

— — · — — (MD, signifiant manipulez doucement),

puis le signal :

— · — · — · — · — (invitation à transmettre,
    signifiant continuez la transmission).

Le correspondant répond par le signal :

— · — · — · (compris)

et reprend la transmission au *mot coupé*.

4° La lampe du manipulant va s'éteindre faute de pétrole.

Le manipulant coupe et envoie le signal « attente » en la motivant

· — · — · — pétrole.

Le correspondant répond par le signal :

— · — · — · (compris)

et se met à feu fixe.

Lorsque la lampe fonctionne et permet de recevoir à nouveau, le manipulant fait des appels — — — — — — — — jusqu'à ce que le correspondant lui envoie

— · — · — · — · — (invitation à transmettre).

Le manipulant répond par le signal :

— · — · — · — · — (invitation à transmettre,
    signifiant continuez la transmission).

Le correspondant reprend la transmission au *mot coupé*.

5° Le manipulant reçoit un télégramme urgent à transmettre.

Il coupe et envoie à son correspondant le signal :

▬ ▬▬ ▬ ▬ (attente)

et motive l'attente en envoyant ▬ ▬▬ ▬ ▬▬▬ ▬ ▬▬▬▬
(RDD, signifiant recevez télégramme urgent).

Le correspondant répond par le signal :

▬ ▬▬ ▬▬ ▬ ▬▬ ▬ (invitation à transmettre).

Le manipulant transmet alors son télégramme urgent, et en reçoit le collationnement, dont la fin est indiquée par le signal :

▬ ▬▬▬ ▬ ▬▬ ▬ (fin de transmission).

Pour reprendre la transmission du télégramme interrompu, le manipulant opère comme dans le cas précédent.

§ 4. — Collationnement.

59. Le collationnement a pour but de vérifier que le télégramme reçu est identique au télégramme transmis.

Le collationnement est :

Partiel, pour les télégrammes en langage clair;

Intégral, pour les télégrammes en langage chiffré, les télégrammes TC, et les télégrammes en langage étranger.

60. *Collationnement partiel.* — Lorsque le télégraphiste-manipulant du poste de départ a terminé la transmission du télégramme, il envoie le signal :

▬ ▬▬ ▬ ▬▬ ▬ (fin de transmission)

et les deux postes correspondants se mettent à *feu fixe*.

Le télégraphiste-manipulant du poste d'arrivée compare alors le nombre de mots reçus au nombre annoncé.

1ᵉʳ Cas. — Ces deux nombres sont identiques.

Le poste d'arrivée après avoir fait des appels

▬ ▬▬ ▬ ▬▬▬ ▬ ▬▬ ▬ ▬▬

et reçu de son correspondant

▬ ▬▬ ▬ ▬▬ ▬ (invitation à transmettre)

donne le collationnement partiel dans la forme suivante :

reçu O, NR 8, W 10, 8 h s.

puis

    les noms propres,
    les mots douteux,
    les mots importants,
    les chiffres.

Il termine le collationnement par le signal :

▬ ▬▬ ▬ ▬▬ ▬ (fin de transmission).

Le poste de départ renvoie le même signal.
Les deux postes échangent ensuite un point, et se remettent à feu fixe.

2e Cas. — Ces deux nombres ne sont pas identiques; soit 22 mots annoncés et 20 mots reçus.
Le poste d'arrivée fait des appels ▬ ▬▬ ▬ ▬▬ ▬ ▬▬ ▬ ▬▬
et reçoit de son correspondant

▬▬ ▬ ▬ ▬ ▬▬ ▬ (invitation à transmettre).

Il envoie alors :

20 W ▬ ▬ ▬▬ ▬▬ ▬ ▬

signifiant : Je ne trouve que 20 mots, est-ce bien cela ?
Et les deux postes se mettent à feu fixe.

a) Si le poste de départ constate qu'il s'est trompé en comptant les mots, il fait des appels ▬ ▬▬ ▬ ▬▬ ▬ ▬▬ ▬ ▬▬
et reçoit de son correspondant

▬▬ ▬ ▬ ▬ ▬▬ ▬ (invitation à transmettre).

Il envoie alors :

Oui, 20 W. ▬ ▬▬ ▬ ▬▬ ▬

signifiant : Oui, c'est bien 20 mots, vous avez raison.

Et les deux postes se mettent à feu fixe.
Le poste d'arrivée donne alors le collationnement partiel, comme dans le 1er cas.

b) Si, au contraire, le poste de départ a bien compté 22 mots, il fait des appels ▬ ▬▬ ▬ ▬▬ ▬ ▬▬ ▬ ▬▬
et reçoit de son correspondant

▬▬ ▬ ▬ ▬ ▬▬ ▬ (invitation à transmettre).

Il envoie alors : bien 22 W, je ▬ ▬ ▬▬ ▬▬ ▬ ▬
signifiant : Non, il y a bien 22 mots; je répète mon télégramme.
Il répète alors l'*initiale de chaque mot*, et le poste d'arrivée donne le point après chaque initiale.
A la lecture de l'initiale d'un mot qu'il n'a pas reçu, le poste d'arrivée « coupe » et envoie le signal :

▬▬ ▬ ▬ ▬ ▬▬ ▬ (invitation à transmettre)

et masque son feu.

Le poste de départ reprend la transmission intégrale en commençant par *le mot qui suit le dernier mot pour lequel il a reçu le point* et la continue jusqu'à ce que le poste d'arrivée, recevant un mot déjà transmis, « coupe » et envoie le signal :

■ ■ ■ ■ ■ ■ (CI, signifiant continuez la transmission des initiales).

Le collationnement des initiales continue ainsi jusqu'à ce que l'accord sur les nombres de mots soit fait.

Dès que cet accord est fait, le poste d'arrivée « coupe » et envoie le signal :

■ ■ ■ ■ ■ (compris)

puis il donne le collationnement partiel, comme dans le 1er cas.

61. *Collationnement intégral.* — Lorsque le poste de départ a terminé la transmission du télégramme, il envoie le signal :

■ ■ ■ ■ ■ (fin de transmission).

Le poste d'arrivée répond par le signal :

■ ■ ■ ■ (compris),

puis il commence aussitôt le collationnement intégral en retransmettant intégralement le télégramme, et sans se préoccuper du nombre de mots. Ce nombre est rectifié ensuite, s'il y a lieu.

Pendant le collationnement, si le poste de départ constate une omission ou une erreur, il coupe aussitôt et la rectifie en reprenant la transmission *au mot qu'il a coupé.*

Dès que le passage est rétabli, le poste d'arrivée coupe, et envoie le signal ■ ■ ■ ■ ■ (compris), puis il continue le collationnement.

Le collationnement terminé, le poste d'arrivée envoie le signal :

■ ■ ■ ■ ■ (fin de transmission).

Le poste de départ répond par le même signal.

Les deux postes échangent ensuite un point, et se remettent à feu fixe.

§ 5. — Clôture.

62. A l'heure fixée pour cesser les communications, le poste ayant reçu l'ordre de donner clôture, transmet à son correspondant le mot « clôture ».

Celui-ci répète le mot « clôture ».

Les deux postes échangent ensuite un compris, puis un point.

La clôture ne doit jamais interrompre la transmission ou la réception commencée d'un télégramme.

CHAPITRE III.

Téléphonie.

---

63. Un télégraphiste suffit au service d'un appareil téléphonique.

§ 1er. — Transmission.

64. Le télégraphiste du poste de départ, avant de transmettre un message, doit le lire et en comprendre le sens général.

Ensuite il « appelle » son correspondant en agissant sur le système d'appel de son poste, et place les écouteurs à ses oreilles.

Dès que le correspondant a répondu « j'écoute », le télégraphiste annonce son poste par son nom ou son indicatif :

« Ici poste A. »

Le correspondant répond de la même manière :

« Ici poste B. »

Le télégraphiste dit alors à son correspondant :

« Recevez message officiel (ou de service). »

et commence aussitôt la transmission du message : le préambule, l'adresse et le texte.

Pour bien transmettre le message, le télégraphiste le dicte lentement et distinctement pour permettre au correspondant d'écrire sous la dictée et sans précipitation.

Il le dicte par *membre de phrase* présentant un sens bien compréhensible, qu'accentuera encore l'intonation qu'il donnera.

Le correspondant répète le membre de phrase dicté, au fur et à mesure qu'il en a terminé l'inscription.

S'il se présente un nom propre ou un mot difficile à prononcer, le télégraphiste le dicte d'abord, puis l'épelle ; le correspondant répète chaque lettre au fur et à mesure qu'il l'écrit, puis le mot entier.

Les nombres sont dictés de la même manière et répétés par le correspondant.

La transmission du message terminée, le télégraphiste dit :

« J'ai fini »

et, conservant les écouteurs aux oreilles, il attend le collationnement.

§ 2. — Réception.

65. Le télégraphiste du poste d'arrivée, dès qu'il entend *l'appel* de son poste fonctionner, porte les écouteurs à ses oreilles et dit : « J'écoute ».

Le correspondant annonce son poste :

« Ici poste A. »

Il répond : « Ici poste B. »

Le correspondant dit ensuite :

« Recevez message officiel (ou de service) »

puis il dicte le message.

Le télégraphiste, conservant l'écouteur gauche à son oreille, écrit le message sur le carnet d'arrivée, en répétant le membre de phrase dicté au fur et à mesure de son inscription.

S'il ne saisit pas un membre de phrase ou un mot, il coupe aussitôt son correspondant, en disant :

« Allo — Répétez. »

Celui-ci répète, et épelle même le mot mal compris, s'il est nécessaire.

La réception terminée, le télégraphiste compte les mots du message.

§ 3. — Collationnement.

66. Tous les messages sont collationnés.

67. *Messages de service.*

Dès que le télégraphiste du poste d'arrivée a compté les mots, il dit à son correspondant :

« Allo — Collationnement. »

Il donne le collationnement dans la forme suivante :

« Reçu A, NR 8, W 10, 8 h. m. »

puis il relit le message lentement et distinctement.

Le télégraphiste du poste de départ suit sur le texte original; s'il constate une omission ou une erreur, il coupe en disant :

« Allo — Omission (ou erreur) »

et rectifie.

Lorsque la concordance est établie, le télégraphiste du poste de départ dit :

« Allo — Collationnement exact. »

Le télégraphiste du poste d'arrivée répond :

« Allo — Exact. »

Chaque télégraphiste abandonne ou raccroche les écouteurs, selon le poste.

68. 2° *Messages officiels.*

Dès que le télégraphiste du poste d'arrivée a compté les mots, il dit à son correspondant :

« Allo — Collationnement. »

Il donne le collationnement dans la forme suivante :

« Reçu 0, NR 8, W 10, 8 h. m. »

puis il redicte lentement le message.

Le télégraphiste du poste de départ reçoit le message sur une feuille volante sans s'occuper du texte primitif.

Il compare ensuite le texte reçu à l'original.

S'il y a concordance, il dit :

« Allo — Collationnement exact. »

S'il n'y a pas concordance, les fautes sont localisées, et les parties erronées retransmises et recollationnées de la même manière jusqu'à exactitude parfaite.

Dans tous les cas, dès que le télégraphiste de départ a transmis :

« Allo — Collationnement exact. »

le télégraphiste d'arrivée répond :

« Allo — Exact. »

Chaque télégraphiste abandonne ou raccroche les écouteurs selon le poste.

3° *Messages d'exercice.*

Ils sont traités suivant les ordres donnés dans chaque cas particulier, soit comme des messages de service, soit comme des messages officiels.

69. *Conditions à remplir par un téléphoniste.*

Un téléphoniste doit remplir certaines conditions, dont quelques-unes sont éliminatoires, tandis que d'autres peuvent s'acquérir facilement par la pratique.

Les premières sont :

1° Avoir une instruction suffisante permettant de comprendre les messages à transmettre ou à recevoir;

2° Posséder un timbre de voix sonore, et être exempt de défaut de prononciation.

Les secondes sont :

1° Articuler nettement les syllabes, faire vibrer les *r*, et ne pas trop appuyer sur les liaisons;

2° Parler fort mais sans crier, les cris déformant les sons;

3° Savoir sectionner le message à transmettre en membres de phrase ayant un sens bien compréhensible.

Exemple d'une phrase bien sectionnée :

L'école des chemins de fer de Versailles, | vient de procéder | à toute une série d'expériences | destinées à démontrer | l'utilité d'un nouvel engin, | le quadricycle militaire automobile | sur rails. |

Exemple de la même phrase mal sectionnée :

L'école des chemins | de fer de Versailles, | vient de procéder à | toute une série | d'expériences destinées | à démontrer l'utilité d'un | nouvel engin, le quadricycle militaire | automobile sur rails.

70. *Consonance.*

Certaines analogies de consonance rendent parfois la réception difficile.

Exemples :

Mots............. Boisson — Poisson
                  Nous   — Mou

Lettres.......... B   — P
                  D   — T
                  S — F   — V
                  M — N   — L

Chiffres......... Six — Dix
                  Sept — Seize

Pour faire disparaître cette difficulté, le téléphoniste transmetteur sera parfois obligé d'épeler les mots de la façon suivante :

Lettres..... Je dis B comme dans Ballon.
                    P   —   Pâté.
                    D   —   Dindon.
                    T   —   Travail.
                    S   —   Souris.
                    F   —   Facteur.
                    V   —   Versailles.
                    M   —   Maison.
                    N   —   Napoléon.
                    L   —   Lapin.

Chiffres.... Je dis 6   —   2 fois 3.
                    8   —   2 fois 4.
                    10   —   2 fois 5.
                    16   —   2 fois 8.
                    7   —   4 et 3.

Soixante-dix. . . . . Je dis 10 — 2 fois 5.
Soixante-six. . . . . Je dis 6 — 2 fois 3.

et bien séparer soixante du nombre suivant.

CHAPITRE IV.

Radiotélégraphie.

---

71. Deux télégraphistes sont nécessaires au service d'un poste radiotélégraphique.

En position d'attente, les postes sont sur réception (ou sur sonnerie).

§ 1. — Manipulation.

72. On produit les signaux Morse en envoyant dans l'espace des séries d'ondes hertziennes brèves ou longues.

Une série brève donne un *point*, une série longue donne un *trait*.

Les valeurs relatives du trait, du point et des intervalles sont les mêmes que dans la télégraphie ordinaire.

La vitesse de manipulation peut atteindre 400 mots utiles à l'heure, mais il est préférable de toujours transmettre à la vitesse de 150 ou 200 mots utiles, en séparant très nettement et très régulièrement les signaux d'une même lettre, de deux lettres consécutives et de deux mots.

§ 2. — Transmission.

73. Un radiotélégramme comprenant plus de 30 mots est scindé, pour la transmission, en plusieurs parties comprenant chacune 30 mots exactement, excepté la dernière qui peut en avoir jusqu'à 40.

Le nombre de ces parties est indiqué dans le préambule, comme on l'a vu précédemment.

Le poste de départ, pour transmettre un radiotélégramme, se met sur transmission et envoie :

L'indicatif du poste d'arrivée (plusieurs fois),

L'indicatif du poste de départ (plusieurs fois),

━ ━ ━ ━ ━ (invitation à transmettre),

se reporte sur réception.

Le poste d'arrivée répond par :

L'indicatif de son poste (plusieurs fois).

Il envoie ━ ━ ━ ━ ━ ━ (invitation à transmettre)
et se reporte sur réception.

Le poste de départ, dès qu'il a reçu « invitation à transmettre » se met sur transmission.

Il envoie ━ ━ ━ ━ (quelques compris) et commence aussitôt la transmission du radiotélégramme : le préambule, l'adresse et le texte.

Tous les noms propres, les noms de lieux, les mots étrangers, les groupes de chiffres ou de lettres, sont transmis deux fois, à la suite l'un de l'autre.

Toutefois, lorsqu'un radiotélégramme est entièrement chiffré, il est préférable de ne pas répéter chaque groupe deux fois à la suite l'un de l'autre et de répéter tout le télégramme deux fois sans intervalle.

Pendant la transmission, si le télégraphiste commet une erreur, il envoie aussitôt le signal :

━ ━ ━ ━ ━ ━ ━ ━ (erreur),

et reprend la transmission au *mot mal transmis*.

S'il y a des ratés d'étincelles, ou si le récepteur fonctionne mal, le télégraphiste effectue le réglage tout en appuyant sur le manipulateur, puis il envoie le signal ━ ━ ━ ━ ━ ━ ━ ━ (erreur), et reprend la transmission au *mot mal transmis*.

Lorsque la transmission du radiotélégramme ou d'une partie du radiotélégramme est terminée, le poste de départ envoie :

━ ━ ━ ━ (fin de transmission),

puis ━ ━ ━ ━ ━ ━ (invitation à transmettre).

Il se reporte sur réception et attend le collationnement.

Alternat. — En principe, les postes observent l'alternat. Cependant, si un radiotélégramme est scindé en plusieurs parties, le poste ayant transmis le premier continue à transmettre jusqu'à l'achèvement complet du texte, après toutefois que le poste correspondant lui a accusé réception.

§ 3. — Réception.

74. Deux télégraphistes sont nécessaires pour recevoir au *cohéreur*, c'est-à-dire à la bande, un radiotélégramme.

L'un lit sur la bande du Morse et inscrit le télégramme sur le carnet d'arrivée;

L'autre lit au son du tapeur et inscrit le télégramme sur une feuille volante. Il observe en même temps le milliampèremètre; s'il le voit dévier sans que le relais fonctionne, il donne un léger choc sur le cohéreur avec un crayon.

Dans le cas où la réception est faite au *détecteur*, c'est

lire au son dans un téléphone, un seul télégraphiste suffit quand le son perçu est suffisamment intense. Ce télégraphiste lit au moyen du téléphone maintenu dans la main gauche et écrit de la main droite.

S'il n'en est pas ainsi, deux télégraphistes sont nécessaires.

Quand le son est peu intense, ou bien que la transmission est troublée par des signaux étrangers, chacun des télégraphistes prend un écouteur et inscrit les signaux qu'il peut lire. En réunissant les deux textes, on parvient plus aisément à reconstituer le radiotélégramme.

Si, enfin, le son est trop faible ou bien si des bruits extérieurs empêchent la lecture avec un seul écouteur, un des télégraphistes porte les deux écouteurs aux oreilles et dicte lettre par lettre au deuxième télégraphiste qui écrit.

Le poste d'arrivée, au reçu du signal

— — — — — — — (invitation à transmettre),

se porte sur transmission et envoie :

L'indicatif de son poste (plusieurs fois),

— — — — — — (invitation à transmettre),

puis se reporte sur réception.

La réception terminée, le poste d'arrivée se porte sur transmission, envoie le signal :

— — — — (attente)

et se remet sur réception pendant qu'il fait le compte de mots, ou termine une lecture difficile.

Cela fait, il revient sur transmission, et envoie le collationnement.

§ 4. — Collationnement.

75. Le collationnement est toujours *partiel*.

Il ne porte que sur les mots ou groupes mal ou non reçus, et sur ceux qui, transmis deux fois consécutives, n'ont pas été reçus de la même manière.

Le poste d'arrivée ayant terminé le compte de mots, ou une lecture difficile, se met sur transmission et envoie :

L'indicatif de son poste (plusieurs fois),

— — — — — (3 compris),

Le dernier mot bien reçu avant la lacune,

— — — — — — (?),

Le premier mot bien reçu après la lacune,

— — — — — (fin de transmission),

se remet sur réception.

Le poste de départ, qui est sur réception en attendant le collationnement, se porte sur transmission et envoie :

L'indicatif de son poste (plusieurs fois),

— — — — (3 compris),

Le dernier mot bien reçu avant la lacune,

Les mots manquants de la lacune,

Le premier mot bien reçu après la lacune,

— — — — (fin de transmission),

et se remet sur réception.

On opère de même pour chaque lacune.

Après ces rectifications, si le nombre des mots reçus n'est pas identique au nombre annoncé (soit 22 mots annoncés et 20 mots reçus), le poste d'arrivée se met sur transmission et envoie :

L'indicatif de son poste (plusieurs fois).

— — — — (3 compris),

20 W

Les initiales de ces 20 mots.

— — — — (fin de transmission),

et se reporte sur réception.

Le poste de départ envoie alors :

L'indicatif de son poste (plusieurs fois),

— — — — (3 compris),

Les mots manquants entre les mots correspondant à deux initiales bien reçues.

Lorsque l'accord est fait sur le nombre de mots, le poste d'arrivée envoie le collationnement sous la forme suivante :

Reçu O, NR 4, W 20, 3 h. 27 s.

— — — — (fin de transmission).

Le poste de départ envoie alors :

— — — — (3 compris),

— — — — (fin de transmission).

Les deux postes se remettent sur réception.

———————

TITRE III

TÉLÉGRAPHIE PRIVÉE

76. En dehors des télégrammes militaires, les télégrammes privés, c'est-à-dire les télégrammes usuels de la vie courante, peuvent dans certains cas circuler sur les réseaux militaires.

En campagne, dans la zone de l'avant de l'armée, tous les bureaux et postes télégraphiques et téléphoniques civils et militaires sont interdits à la télégraphie privée.

En temps de paix, certains postes des réseaux du commandement peuvent recevoir des télégrammes privés.

Les quelques renseignements nécessaires pour l'emploi de la télégraphie privée dans les postes télégraphiques militaires des réseaux du commandement sont donnés dans l'instruction sur l'organisation et le fonctionnement des réseaux télégraphiques militaires.

Paris, le 26 septembre 1906.

Le Ministre de la guerre,
Eug. ETIENNE.

ANNEXES

Télégrammes multiples.

Adresse. — Lorsqu'un télégramme est adressé à plusieurs destinataires résidant dans une même localité ou dans des localités différentes, l'adresse collective est transmise intégralement à tous les postes destinataires et figure en entier sur les télégrammes remis à tous les destinataires.

Préambule. — Au poste de départ et dans chaque poste de transit, chaque télégraphiste ne fait figurer dans le préambule du télégramme transmis dans chacune des directions que le nom du poste destinataire (si le poste correspondant est simple) ou, si le poste correspondant est de transit, que les noms des postes auxquels celui-ci doit transmettre le télégramme.

Exemple. — Un télégramme, ayant l'adresse suivante, est déposé au poste de VERSAILLES.

Parc d'artillerie VERSAILLES à Gardiens batterie HAUTES-BRUYÈRES, IVRY, VANVES, PALAISEAU, VERRIÈRES, SAINT-CYR.

VERSAILLES communique :
- 1° avec MONTROUGE.
- 2° avec PALAISEAU.
- 3° avec SAINT-CYR.

MONTROUGE communique :
- 1° avec BICÊTRE qui communique avec HAUTES-BRUYÈRES et IVRY.
- 2° avec VANVES.

PALAISEAU communique avec VERRIÈRES.

Au poste de VERSAILLES, il sera fait trois transmissions avec les préambules suivants :

1° A MONTROUGE : HAUTES-BRUYÈRES, IVRY, VANVES de VERSAILLES NR 24 W 30 à 15 heures 30.

2° A PALAISEAU : PALAISEAU, VERRIÈRES de VERSAILLES NR 24 W 30 à 15 heures 30.

3° A SAINT-CYR : SAINT-CYR de VERSAILLES NR 24 W 30 à 15 heures 30.

Au poste de MONTROUGE, il sera fait deux transmissions avec les préambules suivants :

1° A BICÊTRE : HAUTES-BRUYÈRES, IVRY de VERSAILLES NR 24 W 30 à 15 heures 30.

2° A VANVES : VANVES de VERSAILLES NR 24 W 30 à 15 heures 30.

Au poste de BICÊTRE, il sera fait deux transmissions avec les préambules suivants :

1° A HAUTES-BRUYÈRES : HAUTES-BRUYÈRES de VERSAILLES NR 24 W 30 à 15 heures 30.

2° A IVRY : IVRY de VERSAILLES NR 24 W 30 à 15 heures 30.

Au poste de PALAISEAU, il serait fait une transmission avec le préambule suivant :

VERRIÈRES de VERSAILLES NR 24 W 30 à 15 heures 30.

L'adresse entière sera transmise à tous les postes.

Transmission d'un télégramme multiple.

Les télégrammes multiples ne doivent jamais être transmis par communication directe.

Au poste de départ et dans chaque poste de transit, le chef de poste établit un nombre suffisant de copies de télégramme pour que celui-ci puisse être transmis simultanément sur le plus grand nombre possible de lignes (1).

Tous les télégrammes ont le même numéro qui est celui du feuillet du carnet de départ sur lequel on a fixé la minute du télégramme. Sur les carnets renfermant les copies, les télégraphistes rayent le numéro du feuillet et portent l'indication : « Voir carnet N°   , Appareil N°   . »

Si le nombre d'appareils pouvant être utilisés pour la transmission du télégramme est inférieur au nombre des lignes par lesquelles le poste doit transmettre le télégramme, l'original et chacune des copies seront utilisés pour plusieurs transmissions successives. Le texte (original ou copie) sera collé sur le premier feuillet libre du carnet de départ sur lequel on inscrira le préambule de la première transmission, les préambules des autres transmissions seront écrits sur les feuillets suivants du carnet sur lesquels on remplacera l'adresse et le texte par l'indication « même télégramme que celui du N°   ».

Les transmissions successives sont faites en commençant par les postes qui auront à assurer le plus grand nombre de retransmissions.

Exemple. — Dans l'exemple qui précède, le poste de VERSAILLES, s'il n'a qu'un appareil utilisable, doit transmettre d'abord son télégramme à MONTROUGE, puis à PALAISEAU et enfin à SAINT-CYR.

---

(1) Le nombre de copies à établir dépend, évidemment, du nombre d'appareils du poste et du service dans le poste au moment du dépôt ou de l'arrivée du télégramme multiple.

Tableau des signaux Morse employés en télégraphie militaire.

Lettres.

a
ä
b
c
ç
d
e
é
f
g
h
i
j
k
l
m

n
o
ö
p
q
r
s
t
u
ŭ
v
w
x
y
z
ch

Chiffres.

1
2
3
4
5

6
7
8
9
0

Barre de fraction

Ponctuation.

Point
Point virgule
Virgule
Deux points
Point d'exclamation
Point d'interrogation

Apostrophe..................
Alinéa...................
Trait d'union.............
Souligné..................
Guillemets ..⎰ avant et après
Parenthèses. ⎱ les mots.

Indications de service.

Appel.....................
Compris...................
Erreur....................
Fin de transmission.......
Attente...................
Invitation à transmettre..
Signal de séparation......
Télégramme collationné...
Extrême urgence...........

Abréviations conventionnelles.

Faites des appels.....   FA
Manipulez doucement.   MD
Séparez mieux les si-
  gnaux..............   SS
Continuez la transmis-
  sion des initiales...   CI
Recevez   télégramme
  urgent...............   RDD
Collationnez...........   COL
Comment recevez-
  vous................   CRV

Dans le collationnement des textes chiffrés, on fait usage des abréviations suivantes :

1............		6............	
2............		7............	
3............		8............	
4............		9............	
5............		0............	

Barre de fraction.....................

Feuillet d'un carnet de départ.

Annexe n° 3.

MODÈLE 1.

N° 2

FEUILLET N° 2 | Indications de service. | Transmis à …… | Télég. élect.
Poste de …… | le …… | par | Télég. opt.
à …… h. …… m. du …… | Téléphone.

Poste de ……

…… , de …… N R …… W …… déposé le …… , à …… h. …… m. du ……

à ……

Reçu le …… à …… h. …… m. du …… un télégramme adressé par …… à ……

(Signature du Chef de poste.)

Feuillet d'un carnet d'arrivée et de transit.

Annexe nº 3.

MODÈLE 2.

| FEUILLET Nº 5 | Indications de service. Poste de | Reçu de le à h. m. du | par | Télég. élect. Télég. opt. Téléphone. | NOM DU TÉLÉGRAPHISTE. |

de N R W déposé le à h. m. du
à

(Premier feuillet : Télégramme proprement dit.)

Feuillet d'un carnet d'arrivée et de transit.

Modèle 2 *bis.*

FEUILLET
N° 5

Indications de service.

Poste de

Reçu de

le

à   h.   m. du

par

Télég. élect.
Télég. opt.
Téléphone.

Remis au planton nommé

à   h.   m. du

(Signature du planton.)

de   N R   W   déposé le   à   h.   m. du

à

(Deuxième feuillet : Copie du télégramme.)

Procès-verbal journalier.

Annexe n° 3.

Modèle 3.

Mois de .... 191. .   Poste de ....   Appareil n° ....

INDICA-TIONS de SERVICE.	POSTE D'ARRIVÉE.	POSTE DE DÉPART.	N.R	W	HEURE DE			OBSERVATIONS.
					DÉPÔT.	TRANS-MISSION.	RÉCEPTION	

Nouvelles publications

Ce qu'il faut savoir de l'armée allemande. (20e édition, 1915.) — In-12 de 130 pages, avec nombreuses vignettes, 12 planches en couleurs et 1 carte en couleurs hors texte.............. **2 50**

Petit guide Français-Allemand *à l'usage du soldat français.* **» 30**

La politique allemande, par le prince DE BULOW. Traduit par M. HERBETTE, ministre plénipotentiaire. — In-18º de 320 pages. **3 »**

1914-1915 : Histoire de la guerre, par Lucien CORNET, sénateur. — TOME Ier. Volume in-8º de 380 pages............. **5 »**

Considérations sur la guerre de 1914-1915, par le général de division E. DUBOIS. — Brochure in-8º............... **1 »**

La guerre de 1914-1915 : De Liége à la Marne, par Pierre DAUZET, avec une préface de M. G. HANOTAUX, de l'Académie française. — Brochure in-8º, avec un croquis dans le texte et une carte en couleurs (56 × 76) du théâtre des opérations et de la situation successive des armées............... **2 50**

Conseils pratiques aux cadres de cavalerie (Guerre de 1914). *Résumé des procédés nouveaux imposés par la guerre actuelle d'après l'expérience de cinq mois de campagne,* par le capitaine DE SÉZILLE. — Brochure in-18 de 44 pages............. **1 50**

La guerre contre l'Allemagne. *Etude stratégique à l'usage des gens du monde,* par L. H. T. — In-12 de 144 pages........ **2 »**

Le Germanisme encerclé, par le commandant DE CIVRIEUX. — In-18 de 118 pages.................. **1 50**

L'armée anglaise. *Son organisation et sa tactique,* par le lieutenant RAFFENEL. — In-8º de 174 pages, broché................ **2 50**

Anglais et Français. *Les Anglais au combat, Fontenoy, Ligny et Waterloo,* par le général ZURLINDEN, ancien ministre de la guerre. — Grand in-8º de 154 pages, broché.................. **3 50**

Français et Allemands. *L'alliance franco-russe et l'Allemagne.* Etude démographique et militaire des populations actuelles de la France et de l'Allemagne, par le Dr J. AUBŒUF. — In-8º de 122 pages, broché.................. **2 »**

La guerre et le mouvement économique. *Leurs relations et leurs actions réciproques,* par le capitaine Bernard SERRIGNY, breveté d'état-major. — In-18 de 222 pages, broché............. **3 50**

A la Frontière. *Carnet de campagne d'un élève caporal du 35e régiment d'infanterie,* par H. GUILLEMAIN. Préface du colonel DE MAUD'HUY (3e édition). — In-18 de 234 pages, avec 5 croquis dans le texte et une carte hors texte, broché............. **2 50**

Guerre de 1914-1915 : Carte du théâtre des opérations *(front occidental),* à l'échelle du 1/500.000e. 15 feuilles, avec répertoire alphabétique très complet de toutes les localités rendant les recherches extrêmement faciles, grâce à un ingénieux système de repérage, renfermées dans un étui solide.............. **5 »**